# 400

# jeux et devinettes pour s'amuser

Texte de Dolorès Mora
Illustrations d'Éric Mackovcin

Lito

# TABLE

# DEVINETTES

1. Qu'est-ce qui sort de la maison sans passer par la porte ?

---

2. Qu'est-ce qui peut être plus grand que la tour Eiffel et pas plus lourd qu'une plume ?

---

3. Quel est le chat que l'on n'a pas besoin de nourrir ?

---

4. Qu'est-ce qui pleure toujours sans jamais verser une larme ?

---

5. Qu'est-ce qui est toujours à l'abri et toujours mouillé ?

---

6. Quand reçoit-on un coup sans se faire mal ?

---

7. Quand donne-t-on un coup sans faire mal ?

---

8. Quand risque-t-on de perdre un œil pour mieux y voir ?

---

9. Citez au moins trois choses qui volent mais qui n'ont pas d'ailes ?

---

10. J'ai quatre pattes à l'aube, deux à midi et trois le soir. Qui suis-je ?

---

11. Quelle différence y a-t-il entre un chef d'Etat et un malade couché dans son lit ?

---

12. Qui a des ailes, ne bat pas des ailes et pourtant vole ?

13. Quatre pattes sur quatre pattes. Quatre pattes aperçoit quatre pattes. Quatre pattes s'en va. Que reste-t-il ?

---

14. Qui voyage nuit et jour tout en restant dans son lit ?

---

15. J'ai quatre pieds et une tête mais je ne marche ni ne parle. Qui suis-je ?

---

16. Qu'est-ce qui a des dents et ne mord pas ?

---

17. Qu'est-ce qui court autour du jardin sans bouger ?

---

18. Qu'est-ce qui a des dents mais ne mange pas ?

---

19. Pleine de trous, je retiens l'eau. Qui suis-je ?

---

20. Qu'est-ce qui a un dos et quatre pieds mais qui ne peut marcher ?

---

21. Qu'est-ce qui a la peau dure et marche à la baguette ?

22. Je ne sais pas nager et pourtant je franchis la rivière. Qui suis-je ?

23. Je suis un angle, je suis un fruit. Le bûcheron se sert de moi aussi. Qui suis-je ?

24. Quel est l'animal qui n'a ni pattes, ni ailes, ne rampe pas et pourtant vole ?

25. Qu'est-ce qui tombe sans se faire mal ?

26. Qu'est-ce qui se lève sans bâiller ?

27. Je connais de nombreux pays et pourtant je ne bouge pas de mon coin. Qui suis-je ?

28. Quel est le moyen de transport qui a une tête et une queue ?

29. Quel est l'animal qui a une tête, une queue et pas de pattes ?

---

30. Quel est le mouton qui ne mange pas d'herbe ?

---

31. Pendue au plafond, je rends service mais, sur les doigts de pied, je suis indésirable. Qui suis-je ?

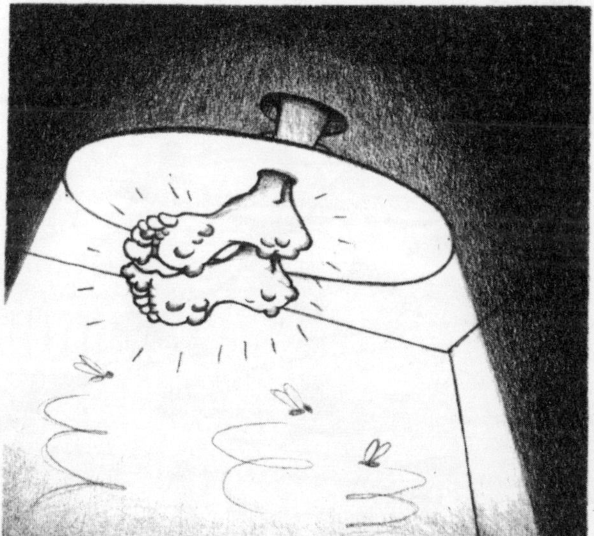

32. C'est un coup qui ne me fait pas mal mais m'oblige à me vêtir chaudement. Quel est donc ce coup ?

---

33. Quelle différence y a-t-il entre une chaussure et une route de montagne ?

34. J'ai des rayons qui n'éclairent pas. Qui suis-je ?

---

35. Ile des Antilles, ville d'Andalousie, je suis aussi un fruit rempli de perles roses. Qui suis-je ?

---

36. Je suis indispensable au poste de radio et au poisson. Qui suis-je ?

---

37. Je suis ouvert quand il pleut. Je suis fermé quand il fait beau. Qui suis-je ?

---

38. Quel est l'arbre le plus frileux ?

---

39. Poisson, je suis dans une assiette. Sinon, je suis sur votre tête. Qui suis-je ?

---

40. Fruit ou ville, j'ai un nom de couleur. Qui suis-je ?

---

41. Quelle est la fleur qui fait le plus peur ?

---

42. Quel est l'oiseau qui vit le plus longtemps ?

43. Quelle est la ville que les canards préfèrent ?

44. Je suis un animal et pourtant je vais parfois chez l'opticien. Qui suis-je ?

45. J'aime nager dans la rivière mais j'aime aussi gauler les noix. Qui suis-je ?

46. Quel est l'animal qui peut décorer une bague ?

47. Je suis à la fois une boisson et un département français. Qui suis-je ?

48. Quelle est l'île qui porte le nom d'une note de musique ?

49. Quel est le mois le plus court ?

50. Quel est le plus grand dormeur de tous les animaux ?

---

51. Un légume qui a des yeux, vous dites que cela n'existe pas ? Et pourtant oui !

---

52. Que signifie le mot « robot » ?

---

53. Quel est le prénom qui peut être très lourd à porter ?

---

54. Pourquoi ne faut-il pas rester trop longtemps au soleil ?

---

55. Quel est le plus haut gratte-ciel du monde ?

---

56. Comme je pique, on m'appelle parfois « châtaigne de mer ». Qui suis-je ?

---

57. Quelle est la partie du fruit qui protège le mieux de la pluie ?

---

58. Mon bec a de si jolies couleurs qu'on me surnomme le « clown de mer ». Mais quel est mon vrai nom ?

---

59. Pourquoi dit-on que les petits pois poussent en avril ?

---

60. Qu'est-ce qu'il ne faut jamais dire à un antiquaire ?

---

61. Qu'est-ce qui a toujours bonne mine ?

---

62. Je suis un insecte. Je suis aussi une cloche. Mais qui suis-je donc ?

---

63. Oiseaux, on peut nous mettre en cage. Mais nous sommes aussi des îles. Lesquelles ?

---

64. Quelle est la ville où l'on ne peut jamais être seul ?

---

65. Quelle est la ville qui accueille toujours bien le médecin ?

---

66. Dans quelle île n'est-on jamais pressé ?

---

67. Je peux soulever des blocs de béton. Je peux aussi rester debout sur une seule patte. Qui suis-je ?

68. Quelle est la mer que l'on trouve aussi dans un vêtement ?

---

69. Je suis le département préféré des horlogers. Qui suis-je ?

---

70. Dans quelle ville y a-t-il les habitations les plus hautes ?

---

71. Quelle est l'île préférée des opticiens ?

---

72. Quelle est la ville qu'on trouve sur le tronc de certains chênes ?

---

73. Ville de Bretagne, on me cueille aussi dans la forêt. Qui suis-je ?

---

74. Quelle est la ville belge qui n'est jamais à l'endroit ?

---

75. Quelle est la meilleure ville d'Allemagne ?

---

76. Quelle est la ville d'Algérie où les pannes d'électricité ne font pas peur ?

---

77. Je suis un ballon mais on ne peut pas jouer avec moi. Qui suis-je ?

78. Je suis une province grecque et un plat de légumes. Qui suis-je ?

79. Dans quel département ne fait-il jamais nuit ?

80. Quel est le fleuve le plus parfumé ?

81. Quel est le fruit préféré des reines ?

82. Quelle est la rose qui n'a pas d'odeur ?

83. Quel est le plat préféré des astronomes ?

84. Quel est l'arbre que l'on peut tremper dans son café au lait ?

85. Quel est le champignon qui est à la fois beau et laid ?

86. Quel est l'arbre le plus travailleur ?

87. Quel est le fruit qui fait peur aux poissons ?

88. Quel est le champignon que le chien a sur le nez ?

89. Quel est le fruit préféré des agents de police ?

90. Quelle est la canne préférée des gourmands ?

91. Quel est l'écrivain français qui se mange souvent grillé ?

92. Quel est le fruit préféré des professeurs d'histoire ?

93. Je suis un écrivain, mais aussi une plante qui pousse dans la lande. Qui suis-je ?

94. Quel est le peintre le plus célèbre dans les basses-cours ?

---

95. Quel est le mois de l'année qui est aussi le nom d'un maréchal ?

---

96. Quels sont les signes musicaux que l'on n'entend jamais ?

---

97. Quelle est la note de musique préférée des menuisiers ?

---

98. Quelles sont les clés avec lesquelles on ne peut ouvrir aucune serrure ?

---

99. Quel est le fruit qui connaît le droit ?

---

100. Quel est le chiffre qui ne s'use jamais ?

---

101. Qu'est-ce qui est tout noir, tout rond, qui a une queue et un œil au bout ?

---

102. Qu'est-ce qui est tout blanc quand on le lance en l'air et tout jaune quand il arrive au sol ?

---

103. Pourquoi les éléphants sont-ils gris ?

---

104. Quel est le comble du savoir-faire pour le cordonnier ?

---

105. Si j'en ai dix à faire, je suis puni. Mais avec une seule, je me distrais. Qu'est-ce que c'est ?

---

106. Quelle est la voie sur laquelle on ne marche pas ?

---

107. Les Chinois aimeraient bien participer au Tour de France. Pourquoi ?

---

108. Quelle est la femelle du condor ?

---

109. Quel est le gâteau le moins apprécié du balayeur en automne ?

---

110. Quelle différence y a-t-il entre un sapin de Noël et un automobiliste qui brûle un feu rouge sous les yeux d'un agent de police ?

---

111. Qu'est-ce qui passe au-dessus de la mer sans faire d'ombre ?

---

112. Quel est le comble de la gourmandise pour un lecteur ?

---

113. Quelle différence y a-t-il entre un chanteur et un garde-barrière ?

---

114. Quelle différence y a-t-il entre une aiguille et la Perse ?

---

115. Quelle différence y a-t-il entre l'étourneau et le sansonnet ?

---

116. Je suis sur la tête du coq. Je suis aussi une île. Mais qui suis-je donc ?

---

117. Vous pouvez me mettre à votre pied. Je suis aussi un animal très têtu. Qui suis-je ?

---

118. Quel est le peintre qui porte le nom d'une graine pour les oiseaux ?

---

119. Avec quelle lettre de l'alphabet les oiseaux volent-ils ?

---

120. Quelle différence y a-t-il entre un ver pas très malin et l'envers d'une feuille de papier ?

---

121. Quel est l'oiseau le plus étourdi ?

---

122. Quel est le client préféré du marchand de chaussures ?

---

123. Je suis un astre. Je peux vivre aussi dans la mer. Qui suis-je ?

---

124. Je suis épée et poisson. Mais qui suis-je donc ?

---

125. Quelle différence y a-t-il entre le loup-cervier et le lynx ?

---

126. Quelle est la ville où l'on aime danser ?

---

127. Quelle est la ville la plus respectable ?

---

128. Quelle est la ville où il ne fait jamais jour ?

---

129. Quel est le pays où il fait toujours chaud ?

---

130. Quelle est la ville que l'on met dans son café ?

---

131. Quelle est l'île où l'on peut apprendre à tricoter ?

---

132. Quel est le comble de l'appétit pour un automobiliste ?

---

133. Que dit un mineur lorsqu'il se fait mal ?

---

134. Quelle est la fleur qui résiste à toutes les tempêtes ?

---

135. Quelle différence y a-t-il entre un bas de laine et un bas à varices ?

---

136. Quel est l'arbre fruitier préféré des marins ?

---

137. Quel est le métier le plus périlleux ?

---

138. Pourquoi ne trouve-t-on jamais de bienfait ?

---

139. J'empêche de voir mais aussi je permets de voir. Qui suis-je ?

---

140. Quelle est la ville préférée des crémiers ?

---

141. Quelle différence y a-t-il entre un chemisier et un sommet des Pyrénées ?

---

142. Quel est le département qui est aussi un tissu ?

---

143. Je suis un département mais aussi un fromage. Qui suis-je ?

---

144. Dans quelle ville n'y a-t-il pas de plaisir ?

---

145. Quelle est la ville préférée des meuniers ?

---

146. Je suis un geste et un oiseau.

---

147. Quel est l'arbre qui ne perd jamais ses feuilles ?

---

148. Avec quelle note de musique peut-on couper du bois ?

149. Quelle est la fleur qui réfléchit le plus ?

---

150. Quel est l'arbre préféré des couturières ?

---

151. Quels sont les arbres les plus détestés des prisonniers ?

---

152. Quel est l'arbre le plus séduisant ?

153. Quelle est la lettre de l'alphabet qui permet de respirer ?

154. Quelle est la lettre de l'alphabet qui permet de boire ?

155. Quelle différence y a-t-il entre un tracteur et un papillon ?

156. Quels sont les marins qui se plaisent dans les sous-bois ?

157. Quel est le fruit qui est aussi une fenêtre ?

158. Quel est l'auteur qui permet de ne pas mourir de soif ?

159. Quel est le sculpteur qu'on trouve dans la rivière ?

160. Quelle est la région de France où il y a le plus de poissons d'eau douce ?

---

161. Quel est l'écrivain qu'on trouve au pied des plantes ?

---

162. Quel est l'écrivain qui a un nom d'oiseau ?

---

163. Quel est l'écrivain qui a le nom d'un mangeur de poules ?

---

164. Quel est le philosophe qui aime faire des réussites ?

---

165. Quelle différence y a-t-il entre deux marks et un célèbre général allemand ?

---

166. Quelle différence y a-t-il entre un clown et un empereur romain ?

---

167. Quel est le signe musical qui évoque la plainte ?

---

168. Quelles sont les notes de musique préférées des bijoutiers ?

169. Quel est le chou préféré des gourmands ?

170. Qui est-ce qui n'est jamais majeur ?

171. Quel est l'instrument de musique qui fait mal au pied ?

172. Quel est le chocolat belge le plus réputé ?

173. Quel est le comble de la gourmandise ?

174. Quelle est la note de musique qui est aussi dans le pain ?

175. Quelle est la lettre de l'alphabet la plus tendre ?

176. Quelle est la lettre de l'alphabet que les Anglais préfèrent ?

---

177. Quel est le clou que l'on ne peut fixer avec un marteau ?

---

178. Quel est le tailleur qui travaille sans fil ?

---

179. Quelle est la lettre de l'alphabet qui est indispensable au bûcheron ?

---

180. C'est une note de musique mais aussi une cabane.

---

181. Qu'est-ce qui a des bras et pas de mains ?

---

182. Quel est le vêtement qui est aussi une danse ?

---

183. Je suis utilisé pour le chauffage mais je suis aussi un tissu.

---

184. Quel est le fruit le plus naïf ?

---

185. Quelle est la pâtisserie la plus ridicule ?

---

186. Quel est le poisson préféré des garçons de café ?

---

187. Quelle différence y a-t-il entre la scorsonère et le salsifis noir ?

---

188. Quelle différence y a-t-il entre le merlu et le colin ?

---

189. Quel est le poisson qui est aussi un mauvais coiffeur ?

---

190. Quel est l'appareil dentaire qui est aussi un jeu de cartes ?

---

191. Quel est le bijou qui sert aussi à réparer une fracture ?

---

192. Qu'est-ce qui peut être à la fois une plantation de saules et une averse ?

---

193. Quelle est la boisson qui n'aime pas attendre ?

194. Quelle différence y a-t-il entre le rhinocéros d'Asie et le rhinocéros d'Afrique ?

195. Combien de pattes a réellement un mille-pattes ?

---

196. Quelle différence y a-t-il entre un orgue de barbarie et un limonaire ?

---

197. Quel est le canard sauvage qui est aussi une petite émeraude brute ?

---

198. Quelle différence y a-t-il entre un mammifère d'Australie et un fou ?

---

199. Quelle est la pâte à gâteau qui est aussi une religieuse ?

---

200. Quel est le gâteau le plus sacré ?

---

201. A la fois fruit, collerette et outil, qui suis-je donc ?

---

202. Quel est le prénom féminin qui est aussi une couleur ?

---

203. Un grand violoniste éprouve un choc toutes les fois qu'il joue un la. De quelle maladie souffre-t-il ?

---

204. Où trouve-t-on l'escalope de veau dans un restaurant lilliputien ?

---

205. Qu'est-ce qui est rouge, qui monte, descend et roule toute la journée ?

---

206. Que fait un agent de police qui tombe dans une piscine ?

---

207. Que fait un homme au fond d'une rivière avec des skis aux pieds ?

---

208. Quel est le comble de la conscience professionnelle pour un pompier ?

---

209. Quel est le tissu le plus royal ?

---

210. Quand parle-t-on du pied de l'alouette ?

---

211. Quel est le tissu le plus apprécié de la basse-cour ?

212. Qu'est-ce qu'un pied-de-cheval ?

---

213. Pourquoi une perdrix peut-elle faire mal au pied ?

---

214. Quand l'œil du chat peut-il être précieux ?

---

215. Quand l'œil du bœuf peut-il éclairer une chambre ?

---

216. D'où vient le mot « poubelle » ?

---

217. Quand aime-t-on le pou ?

---

218. Quelle différence y a-t-il entre un becfigue et un bec-fin ?

---

219. Puisque le lièvre n'a pas de bec, qu'est-ce qu'un bec-de-lièvre ?

---

220. Quelle différence y a-t-il entre le myosotis et l'oreille-de-souris ?

---

221. Quelle est la bosse qui ne se voit pas ?

---

222. Quel est le comble de l'aviateur ?

---

223. Quel est le comble du cycliste ?

---

224. Qu'est-ce qui est noir et qui canarde ?

---

225. Que pense-t-on en voyant flotter le drapeau français ?

---

226. Comment monsieur et madame Proviste ont-ils appelé leur fils ?

---

227. Comment monsieur et madame Hissevospapiers ont-ils appelé leur fils ?

---

# PETITS PROBLÈMES

1. La maison bleue se trouve près de la plage.
   La maison jaune se trouve près du chemin.
   Mais où se trouve la Maison Blanche ?

---

2. Un chat marche sur un trottoir où se trouve un écriteau :
   « Passage interdit ».
   Comment fait-il pour continuer son chemin ?

---

3. Si le frère de mon oncle paternel n'est pas mon oncle, quel lien de parenté a-t-il avec moi ?

---

4. Comment s'appelle une souveraine qui dirige un animal en le tenant par une courroie ?

---

5. Où y a-t-il des fleuves, des rivières et des mers sans eau ?

## VRAI OU FAUX

1. Le saumon se reproduit dans l'eau douce et grandit dans la mer.

---

2. Le corail est un animal.

---

3. La saltarelle est un insecte voisin de la sauterelle.

---

4. Le tourtereau est un crustacé.

---

5. L'apiculture consiste à élever les oiseaux.

---

6. Le chardonneret est un petit chardon.

---

7. L'anémone de mer est une plante.

---

8. L'espéranto est une langue.

---

9. Le sabot de Vénus est un soulier de déesse.

---

10. Le dromadaire a une bosse sur le dos.

---

11. La bauxite sert à la préparation de l'aluminium.

---

12. Il y a en France 200 espèces de papillons diurnes et 1 600 espèces de papillons nocturnes.

---

13. Un fromager est un gâteau.

---

14. Une fruitière sert à entreposer les fruits.

---

15. La sylviculture est la culture des anémones.

---

16. La pisciculture est l'art d'entretenir les piscines.

---

17. Le chameau a deux bosses sur le dos.

18. On dit la bouche d'une grenouille et la gueule d'un serpent.

---

19. Lorsqu'un iceberg flotte sur la mer, on n'en voit qu'un cinquième.

---

20. L'orne est un arbre.

---

21. La truffe est un champignon.

---

22. Un poussin sort de l'œuf au bout de 21 jours.

---

23. Le basilic est une église.

---

24. Le mistral souffle d'ouest en est dans le Languedoc et le Roussillon.

---

25. L'architecte Mansard a inventé les mansardes.

---

26. Le goémon est une mouette.

27. La mycologie est l'étude des muscles.

28. Le lima est un animal.

29. La linaigrette est une sauce.

30. Un hanap est un filet suspendu, utilisé comme lit.

31. Le lentisque est un instrument d'optique.

32. La mangouste est un crustacé.

33. Le singe est un quadrupède.

34. L'Izoard est un chamois des Pyrénées.

35. Le sceptre est un fantôme.

---

36. L'aiglefin est un petit aigle.

---

37. La Haute-Volga est un pays d'Afrique.

---

38. Stockholm est la capitale du Danemark.

---

39. Saint-Véran est le plus haut village d'Europe.

---

40. Une grecque est un ornement d'architecture.

---

41. La coralline est une pierre précieuse.

---

42. La cossarde est une gousse de fève.

---

43. La joubarbe sert à faire de la confiture.

---

44. Un pouce-pied sert à mettre des chaussures.

---

45. Un carpelle est une jeune carpe.

---

46. Une faine est une feuille de radis ou de carotte.

---

47. Le mildiou est un instrument de musique.

48. Le muscadier est un vin blanc.

49. La limette est une lime.

50. Le luth marin est un instrument de musique.

# CHARADES

1. Mon premier n'est pas impair.
Mon second est un article.
Avec mon tout, je peux faire un collier.

2. Mon premier est un animal.
Mon second n'est pas tard.
Les princesses habitent dans mon tout.

3. Mon premier sert à s'exprimer.
Mon second est une plante parasite.
Mon tout est un écrivain français.

4. Mon premier est un oiseau.
Mon second est un possessif.
Mon troisième n'est pas court.
Mon tout est un vêtement.

5. Mon premier ne rentre pas.
Mon second est une note de musique.
Mon troisième flâne.
Mon tout jette des sorts.

6. Mon premier est un légume.
Mon second est à l'extérieur du pain.
Mon tout est un mets alsacien.

7. Mon premier est une lettre de l'alphabet.
Mon second remplit ma tirelire.
Mon troisième n'est pas beau.
Mon tout se mange à Toulouse.

8. Mon premier est un animal.
Mon second sert à mâcher.
Mon tout est une herbe.

9. Mon premier est un récipient.
Je me couche dans mon second.
Mon troisième est un pays d'Asie.
Mon quatrième sert à voler.
Mon tout est un personnage de comédie.

10. Mon premier est une lettre de l'alphabet.
Mon second est un animal.
Mon troisième sert à relier.
Mon tout est un oiseau.

11. Mon premier borde le pré.
Mon second est récolté en Camargue.
Mon troisième est un possessif.
Mon tout est un animal.

12. Mon premier est une lettre de l'alphabet.
Mon second sert à parler.
Mon troisième marque la négation.
Mon tout est très apprécié des chevaux.

13. Mon premier n'est pas froid.
Mon second est connu.
Mon troisième sert à répéter.
Mon tout se porte au pied.

14. Mon premier n'est pas haut.
Mon second est une exclamation enfantine.
Mon troisième sert à nouer.
Mon tout est un fruit.

15. Mon premier est une note de musique.
Mon second est une note de musique.
Mon troisième est une note de musique.

Mon quatrième est un oiseau.
Mon tout est un fleuve des Etats-Unis.

16. En Provence, mon premier est une ferme.
Mon second est un arbre.
Mon troisième est un nombre.
Mon quatrième est un échassier.
Mon tout est une région montagneuse du centre de la France.

17. Les poissons nagent dans mon premier.
Je dors dans mon second.
Mon troisième est un souhait.
On cueille mon tout dans le Midi de la France.

18. Mon premier est une lettre de l'alphabet.
Mon second est une lettre de l'alphabet.
Mon troisième est parfois élevé.
Mon quatrième est une lettre de l'alphabet.
Mon tout est un perroquet.

19. Mon premier est un ordre de départ.
Mon second est un liquide blanc.
Mon tout est une carte à jouer.

20. Chez le héron, mon premier est très long.
Mon second n'est pas malade.
J'appuie ma tête sur mon tout.

21. Mon premier n'est pas rapide.
Mon second sert à nier.
Mon troisième me sert pour coudre.
Mon quatrième est une lettre de l'alphabet.
Mon tout est un appareil d'éclairage.

22. Mon premier n'est pas cru.
Mon second est coupé court.
Mon troisième est un possessif.
Mon tout est un navire de guerre.

23. Mon premier abrite des fleurs.
Mon second est une lettre de l'alphabet.
Mon troisième est aimé des Chinois.
Mon quatrième sert à relier.
Je fais appel à mon tout si j'ai perdu ma clé.

24. On trouve des moutons dans mon premier.

On peut parler de mon second dans une conversation.
Mon troisième est une note de musique.
Mon quatrième est une lettre de l'alphabet.
Mon tout n'est pas modeste.

25. Mon premier est une extrémité.
Mon second est un possessif.
Mon troisième ne veille pas.
Mon tout est une fleur des champs.

26. Mon premier est un liquide blanc.
Mon second est un nombre.
Mon troisième n'est pas carré.
Mon tout n'est pas beau.

27. Mon premier est un prénom féminin.
Mon second n'est pas pointu.
Mon tout est une fleur.

28. Mon premier vole.
Mon second n'est pas maigre.
Mon tout est un petit insecte.

29. Je dors dans mon premier.

Mon second est une lettre de l'alphabet.
Mon troisième flâne.
Mon chat se couche dans mon tout.

30. Dans mon premier, le boulanger cuit son pain.
Dans mon second, l'oiseau pond ses oeufs.
Mon troisième est une religieuse.
Mon tout est un commerçant.

31. Mon premier aime l'humidité.
Mon second est une manie.
Mon tout pique.

32. Mon premier n'est pas dur.
Mon second n'est pas carré.
Les oiseaux aiment mon tout.

33. Mon premier n'est pas pointu.
Mon second sert à voler.
Mon tout est une tranche ronde.

34. Mon premier est une note de musique.
Mon second est un article.

Mon troisième brûle.
Mon quatrième est une île.
Mon tout est un gâteau.

35. Mon premier est parfois difficile.
Mon deuxième est un rongeur.
Mon troisième est un pronom.
Mon quatrième est une lettre de l'alphabet.
Mon tout est un bonbon.

36. Mon premier est un ordre de départ.
L'oiseau s'abrite dans mon second.
Mon troisième est une île.
Une gousse de mon tout parfume les gâteaux.

37. Mon premier n'est pas dur.
Mon second est un poisson.
Mon tout est un animal dont la laine est très appréciée.

38. Mon premier est une plante parasite.
Mon second sert à s'exprimer.
Mon troisième est un souhait.
Mon tout est un bonbon mou et sucré.

39. Mon premier est exécuté par le danseur.
Mon second est très court.
Mon troisième mouille.
Mon tout me protège de mon troisième.

40. Mon premier est une couleur.
Mon second borde le pré.
Mon tout est une fleur des champs.

41. Le chant de mon premier réveille la basse-cour.
Mon second est une lettre de l'alphabet.
Je dors dans mon troisième.
Mon quatrième est la moitié de coco.
Mon tout est une fleur des champs.

42. Mon premier peut transporter les écoliers.
Mon second peut transporter les jouets du Père Noël.
Mon tout est un légume.

43. Mon premier est une note de musique.
Mon second est une partie du visage.
Mon tout est le nom affectueux de mon petit chat.

44. Mon premier est une note de musique.
Mon second est une lettre de l'alphabet.

Dans mon troisième, je plante des graines.
Mon tout est un diamant.

45. Mon premier est un possessif.
Mon second se cultive en Camargue.
Mon troisième marque la durée de la vie.
Mon tout est un joyeux événement.

46. Mon premier est une note de musique.
Mon second n'est pas peu.
Mon troisième n'est pas malin.
Mon tout est un arbre fruitier.

47. Mon premier borde le pré.
Mon second est aimé des chats.
Mon troisième est le petit de la biche.
Mon tout est un animal.

48. Mon premier fait mal au pied.
Mon second est une partie du visage.
Mon troisième est une île.
Mon tout est un oiseau.

49. Mon premier est coupé court.
Mon second est un chiffre.

Mon tout est une racine comestible.

50. Mon premier est un rongeur.
Mon second est une note de musique.
Mon tout est utile au naufragé.

51. Mon premier est un arbre.
Mon second n'est pas malin.
Mon tout sert à peindre.

52. Mon premier est une extrémité.
Mon second est une lettre de l'alphabet.
Mon tout décore un gâteau d'anniversaire.

53. Mon premier est une couleur.
Mon second est un diminutif.
Mon troisième est un article.
Mon tout est une maladie.

54. Mon premier fait des miettes.
Mon second forme un amas.
Mon troisième est un chiffre.
Mon tout est un oiseau.

55. Mon premier est un poisson.

Mon second sert à nouer.
Mon troisième n'est pas ouvert.
Mon quatrième est un chiffre.
Mon tout est une variété de prune.

56. Mon premier est une lettre de l'alphabet.
Mon second n'est pas beau.
Mon troisième n'est pas vrai.
Mon quatrième marque la négation.
Mon tout me permet de communiquer.

57. Mon premier est parfois solitaire.
Mon second est une lettre de l'alphabet.
Mon troisième noue.
Mon tout se sert en infusion.

58. Mon premier est un souverain.
Mon second est un pronom.
Mon troisième est liquide.
Mon tout est un oiseau.

59. Mon premier est une note de musique.
Mon second est une maladie.
Mon tout est une grosse araignée.

60. Mon premier est le trou d'une aiguille.
Mon second sert à s'exprimer.
Mon tout est un animal.

61. Mon premier n'est pas haut.
Mon second est la femelle du sanglier.
Mon troisième noue.
Mon tout a avalé Pinocchio !

62. Mon premier est un récipient.
Mon second est un outil de menuisier.
Mon troisième est un démonstratif.
Manger un chapelet de mon tout est le rêve des chiens.

63. Mon premier est un prénom.
Mon second n'est pas mauvais.
Mon tout est vraiment bon.

64. Le chat aime mon premier.
Mon second n'est pas tôt.
Mon troisième est un chiffre.
Mon tout est un condiment qui peut très bien me monter au nez !

65. Mon premier abrite les bateaux.
Mon second est un démonstratif.
Le mouton fournit mon troisième.
Mon tout est fabriqué à Limoges.

66. Mon premier protège les mains.

Mon second amuse.
Mon tout est un fleuve qui coule en Inde.

67. Les grenouilles aiment sauter dans mon premier.
Mon second est un possessif.
Mon troisième est une île.
Mon tout est une ville du Midi de la France.

68. Mon premier désigne des personnes.
Mon second marque la condition.
Mon troisième est un animal.
Mon tout est une plante de montagne.

69. Mon premier se trouve dans un navire.
Mon second n'est pas haut.
Mon troisième est un démonstratif.
Mon tout est un récipient.

70. Mon premier est un grand-père.
Mon second est une langue.
Mon tout est une plante des bords du Nil.

71. Mon premier est parfois difficile.

Mon second n'a pas raison.
Mon tout est un animal.

72. Mon premier n'est pas seul.
Mon second n'est pas la mort.
Mon troisième est une partie du visage.
Mon quatrième est un pronom.
Mon tout n'est pas toujours facile à résoudre.

73. Mon premier est une lettre de l'alphabet.
Mon second est une boisson.
Mon tout est une fleur.

74. Mon premier est un possessif.
Mon second est une lettre de l'alphabet.
Les animaux n'aiment pas qu'on leur écrase mon troisième.
Mon tout est un singe.

75. Mon premier ne dit pas la vérité.
Mon second renforce le oui.
Mon troisième est bon au lait.
Mon quatrième sert à nier.
Mon tout est un fruit.

76. Mon premier brille.
Mon second est un pronom relatif.
Mon troisième protège le doigt de la couturière.
Mon tout est une très belle fleur.

77. Mon premier n'est pas froid.
Mon second est un souhait.
Mon troisième tinte agréablement dans une tirelire.
Mon quatrième est un ancien rire.
Mon tout est un animal nocturne.

78. Mon premier est un ruisselet.
Mon second est connu.
Mon troisième est un article.
Mon tout est un champignon.

79. Mon premier est un possessif.
Mon second est une partie du visage.
Mon troisième est amusant.
Mon quatrième fait la joie des enfants.

80. Mon premier est une plante parasite.
Mon second est de l'alcool.
Mon tout est une marionnette.

81. Mon premier est souvent classé.
Mon second accompagne la bouillabaisse.
Dans les contes, mon tout peut être changé en carrosse.

82. Les poissons nagent dans mon premier.
Mon second est le cri de la vache.
Mon troisième est une bande de tissu.
Mon quatrième est un pronom personnel.
On ne fait pas mon tout sans casser d'œufs.

83. Mon premier est un grand morceau d'étoffe.
Mon second est un jeu japonais.
Mon troisième est une plante.
Mon quatrième est un joli animal couvert d'écailles.

84. Mon premier est une lettre de l'alphabet.
Mon second est un récipient.
Mon troisième recouvre le corps humain.
Mon quatrième est un possessif.
Mon cinquième est un pronom personnel.
Mon tout est un gros animal.

85. Quand je ris, je répète mon premier.
Mon second est un cercle.
Mon troisième est une lettre de l'alphabet.
Mon quatrième sert à voler.
Mon tout ne fait pas toujours le printemps.

86. Mon premier est le résidu du café.
Mon second est parfois de pêche.

Mon troisième est un garçon.
Mon quatrième est un article.
Mon tout retient parfois l'ampleur de mon manteau.

87. Allez hop ! dit mon premier.
Mon second est l'animal qui a mangé le Chaperon rouge.
Mon tout est un peuple d'Afrique australe.

88. Mon premier est un métal précieux.
Mon second peut être froid ou chaud.
Mon troisième est une note de musique.
Mon quatrième est la première lettre de l'alphabet.
Mon tout est une fleur.

89. Mon premier est un récipient.
Mon second est bien propre.
Si je tire mon tout sans raison, la concierge me gronde.

90. Mon premier est une note de musique.
Mon second ne pleure pas.
Mon troisième n'est pas juste.

Mon quatrième sert à répéter.
Mon tout dévore les feuilles de la pomme de terre.

91. Mon premier est un article.
Mon second est un ordre de départ.
Mon troisième n'est pas laid.
Je me lave dans mon tout.

92. Mon premier se loge dans les cheveux.
Mon second est une fleur bleue.
Mon tout est le petit du cheval.

93. Mon premier est un tissu.
Dans mon second, le Père Noël transporte ses jouets.
Mon tout est un petit oiseau.

94. Mon premier est une plante parasite.
Mon second est une lettre de l'alphabet.
Mon troisième n'est pas rapide.
Mon quatrième est un chiffre.
Mon tout décore le sapin de Noël.

95. Quand j'ai de la fièvre, mon premier est rapide.

Mon second est une lettre de l'alphabet.
Mon tout est un jouet.

96. Mon premier est une lettre de l'alphabet.
Mon second est un rongeur.
Mon troisième brûle.
Mon tout est un animal au cou très long.

97. Mon premier borde le pré.
Mon second est un pronom personnel.
Mon troisième est un rôti.
Mon quatrième est un chiffre.
Mon tout est une pierre précieuse.

98. Mon premier est un moyen de transport.
Mon second renforce une affirmation.
Mon troisième est une vallée.
Lors de mon tout, on se déguise et on se met un masque.

99. Mon premier n'est pas non.
Mon second est une lettre de l'alphabet.

Mon troisième est un gamin malicieux.
Mon tout est un tout petit singe.

100. Mon premier est une ferme provençale.
Mon second est en mailles.
Mon tout porte bonheur.

101. On suit mon premier pour ne pas se perdre.
Mon second est siamois ou de gouttière.
Mon troisième sert à parler.
Mon quatrième est un article.
Mon tout est un sport de mer.

102. Mon premier n'est pas avec.
Mon second n'est pas froid.
Mon troisième fait la roue.
Mon quatrième est un possessif.
Mon tout est le nom de l'écuyer de Don Quichotte.

103. Mon premier est un oiseau.
Mon second me permet de respirer.
Mon tout est un prénom.

104. Mon premier garnit le bord des paupières.
Mon second n'est pas la mort.
Mon tout est un prénom.

105. Mon premier permet de traire une vache.
Mon second est parfois difficile.
Mon troisième est un récipient.
Mon tout est un célèbre peintre.

106. Mon premier est un parasite.
Mon second n'est pas laid.
Mon tout est fort utile dans une maison.

107. Mon premier est une lettre de l'alphabet.
Mon second est une lettre de l'alphabet.
Mon troisième sert au bûcheron.
Mon quatrième est un ruban.
Mon tout est à la fois un petit oiseau et une héroïne de bande dessinée.

108. Mon premier sert à transporter plusieurs personnes.

Mon second est un interrogatif.
Les Indiens mettent leurs flèches dans mon tout.

109. Mon premier est une conjonction.
Mon second est une lettre de l'alphabet.
Mon troisième n'est pas creux.
Mon tout est une méchante fée.

110. Mon premier est une lettre de l'alphabet.
Mon second se forme dans une plaie.
Mon troisième sert au menuisier.
Mon quatrième sert à attacher.
Mon tout est une fleur.

111. Mon premier est une céréale.
Mon second n'est pas de face.
Mon tout décore une fenêtre.

112. Mon premier est une lettre de l'alphabet.
Mon second est un rongeur.
Mon troisième est un ordre de départ.
Mon quatrième est un adverbe de négation.

Mon tout est un agréable logement pour les vacances.

113. Mon premier fait briller les meubles.
Mon second est en panache chez l'écureuil.
Mon tout me permet de voir clowns, jongleurs et animaux savants.

114. Mon premier est une note de musique.
Mon second est une note de musique.
Mon troisième est un possessif.
Mon tout est un jeu.

115. Mon premier peut être de conscience.
Mon second est une céréale.
Mon troisième est une extrémité.
Mon tout est un renne du Canada.

# SOLUTIONS DEVINETTES

1. La fumée.
2. Son ombre.
3. Le chat dans la gorge.
4. Le saule pleureur.
5. La langue, les dents.
6. Quand on reçoit un coup de fil.
7. Quand on donne un coup de fil.
8. Quand on jette un œil sur quelque chose.
9. Le nuage, le cerf-volant, le ballon d'enfant.
10. L'homme.
11. Il n'y en a pas : chacun d'entre eux est une personnalité (personne alitée).
12. L'avion.
13. Une chaise : car le chat était sur une chaise, le chat a vu une souris, et le chat a sauté de la chaise pour poursuivre la souris.
14. La rivière.
15. Le lit.
16. Le peigne.
17. La clôture.
18. Le râteau.
19. L'éponge.

20. La chaise.
21. Le tambour.
22. Le pont.
23. Le coin (le coing).
24. Le poisson.
25. La nuit.
26. Le jour.
27. Le timbre-poste.
28. Le train.
29. Le serpent.
30. C'est le mouton de poussière qu'on peut trouver sous le lit lorsque le ménage est mal fait.
31. L'ampoule.
32. Le coup de froid.
33. Aucune : elles ont des lacets toutes les deux.
34. Une roue de bicyclette.
35. La grenade.
36. L'onde.
37. Le parapluie.
38. Le tremble.
39. La raie.
40. L'orange (Orange).
41. La gueule de loup.
42. Le milan (1 000 ans).
43. Cannes (canes).
44. Le serpent à lunettes.
45. La perche.

46. Le chaton.
47. Le calvados (Calvados).
48. L'île de Ré.
49. Mai, car il n'a que 3 lettres.
50. Le chat : il ne dort pas moins de 14 heures par jour.
51. La pomme de terre.
52. En tchèque, ce mot veut dire « travail ».
53. Pierre (la pierre).
54. Parce qu'on s'expose au plus grand des astres (désastre).
55. A Chicago, le Sears Tower, 443 mètres (Plus haut que l'Empire State Building et que la tour Eiffel).
56. L'oursin.
57. Le pépin (parapluie).
58. Le macareux moine.
59. Parce que les petits poissons d'avril !
60. « Alors, quoi de neuf ? », parce qu'un antiquaire ne vend que des objets anciens.
61. Le crayon.
62. Le bourdon.
63. Les Canaries (canaris).
64. Troyes (trois).
65. Meaux (maux).
66. A Ceylan (c'est lent).
67. La grue.
68. La Manche (la manche).
69. L'Eure (l'heure).

70. A Tours.
71. L'île d'Yeu (yeux).
72. Liège.
73. La fougère (Fougères).
74. Anvers (envers).
75. Bonn (bonne).
76. Bougie.
77. Le ballon d'Alsace.
78. La Macédoine (macédoine).
79. Dans l'Aube.
80. Le Rhin, dont les eaux passent à Cologne. (eau de Cologne).
81. La reine-claude.
82. La rose des vents.
83. Les lentilles.
84. Le pin (pain).
85. Le bolet (beau-laid).
86. Le bouleau (boulot).
87. La pêche.
88. La truffe.
89. L'amande (amende).
90. La canne à sucre.
91. Chateaubriand (le chateaubriand est aussi un bifteck très épais).
92. La datte (date).
93. La Bruyère (la bruyère).
94. Poussin.
95. Juin.
96. Les silences.

97. Si (scie).
98. Les clés de fa, de sol, d'ut.
99. L'avocat.
100. 9 (neuf).
101. La poêle à frire.
102. L'œuf.
103. Pour qu'on ne les confonde pas avec les fraises des bois.
104. Ressemeler une botte de radis.
105. La ligne (d'écriture ou pour pêcher).
106. La Voie lactée.
107. Pour gagner le Mao jaune.
108. La chambre à coucher parce que c'est là qu'on dort (la condor).
109. Le mille-feuille.
110. Aucune : ils se font tous les deux enguirlander.
111. Le vent.
112. Dévorer un livre.
113. Aucune : ils s'occupent tous deux de la voix (voie).
114. Aucune : toutes deux ont un chas (Shah).
115. Aucune : c'est le même oiseau !
116. La crête (Crète).
117. La mule.
118. Millet.
119. Avec la lettre L (aile).
120. Aucune : l'un est un ver sot, l'autre est le verso de la feuille.

121. L'étourneau.
122. Le mille-pattes.
123. L'étoile (de mer).
124. L'espadon.
125. Aucune : il s'agit du même animal.
126. Bâle (bal) en Suisse.
127. Digne.
128. Nuits (-Saint-Georges), en Bourgogne.
129. La Terre de Feu.
130. Sucre (en Bolivie).
131. Jersey.
132. C'est de ronger son frein.
133. Houille (Ouille !).
134. La rose des vents.
135. Aucune : ils sont tous deux à varices (avarice).
136. L'abricotier (l'abri côtier).
137. C'est le métier de funambule : sa vie tient à un fil !
138. Parce qu'un bienfait n'est jamais perdu !
139. L'écran.
140. Chantilly.
141. Aucune : tous deux ont un col.
142. L'Ain (lin).
143. Le Cantal.
144. A Gênes ; parce que : « où il y a de la gêne, il n'y a pas de plaisir ».
145. Moulins (dans l'Allier).
146. Le signe (le cygne).

147. L'arbre généalogique.
148. Avec si (scie).
149. La pensée.
150. Le pin, à cause de ses aiguilles.
151. Les chênes (les chaînes).
152. Le charme.
153. R (air).
154. O (eau).
155. Aucune : tous deux ont besoin de chenilles. Le tracteur est un véhicule à chenilles, la chenille est la larve du papillon.
156. Les mousses.
157. La baie.
158. La Fontaine.
159. Goujon (le goujon).
160. Le Perche (la perche).
161. Racine (la racine).
162. Corneille.
163. Jules Renard (le renard).
164. Descartes (des cartes).
165. Aucune parce que Bismark (bis marks).
166. Aucune : tous les deux sont des Auguste.
167. Le soupir.
168. Do, ré (doré).
169. Le chou à la crème.
170. Le mineur (qui travaille dans une mine).
171. Le cor.
172. Le chocolat liégeois.
173. C'est de guetter les éclairs lors d'un

orage.

174. Mi (la mie).
175. M (aime).
176. Le T (thé).
177. Le clou de girofle.
178. Le tailleur de diamants.
179. La lettre H (la hache).
180. Ut (la hutte).
181. Le fauteuil.
182. Le boléro.
183. Le gaz (la gaze).
184. La poire.
185. La tarte.
186. Le bar.
187. Aucune : il s'agit de la même plante.
188. Aucune : il s'agit du même poisson.
189. Le merlan.
190. Le bridge.
191. La broche.
192. La saussaie (la saucée).
193. Le citron pressé.
194. Le rhinocéros d'Asie a une corne, le rhinocéros d'Afrique a deux cornes.
195. Il peut en avoir jusqu'à 200 paires.
196. Aucune : il s'agit du même instrument de musique.
197. Le morillon.
198. Aucune : ils sont tous les deux dingos.
199. L'abaisse (l'abbesse).

200. La religieuse.
201. La fraise.
202. Isabelle, qui est aussi une couleur jaune pâle, en particulier chez les chevaux.
203. De la maladie du chocolat (choc-au-la).
204. Sous un grain de riz.
205. Une cerise dans un ascenseur.
206. Flic !
207. Du ski de fond.
208. C'est de jouer au ping-pong (pin-pon) lorsqu'il est en congé.
209. Le prince-de-galles.
210. Quand on fait un bouquet de pieds-d'alouettes (le pied-d'alouette est une fleur appelée aussi delphinium).
211. Le pied-de-poule.
212. C'est une grande huître.
213. Parce qu'on peut avoir des œils-de-perdrix (cors entre les doigts de pied).
214. Quand c'est un œil-de-chat (variété de quartz chatoyant).
215. Quand c'est un œil-de-bœuf (une lucarne).
216. De Poubelle, le préfet de la Seine, qui l'a imposée en 1884.
217. Quand il s'agit d'un pou-de-soie (étoffe de soie).
218. Aucune : il s'agit du même oiseau.
219. C'est une malformation de la bouche.

220. Aucune, il s'agit de la même fleur.
221. La bosse des mathématiques, de la musique, du commerce.
222. C'est d'avoir les oreilles décollées.
223. C'est de descendre de son vélo et de se regarder pédaler.
224. Un merle avec un fusil.
225. Qu'il y a du vent.
226. Alain Proviste (A l'improviste).
227. Paul Hissevospapiers (Police, vos papiers).

## SOLUTIONS PETITS PROBLÈMES

1. A Washington, aux Etats-Unis.
2. Il passe sans s'arrêter car il ne sait pas lire.
3. C'est mon père.
4. Une reine qui dirige un renne en le tenant par les rênes.
5. Sur une carte de géographie.

## SOLUTIONS DU VRAI OU FAUX

1. Vrai.

2. Vrai.
3. Faux : c'est une danse populaire italienne.
4. Faux : c'est une jeune tourterelle. Le tourteau est un crustacé.
5. Faux : l'apiculture consiste à élever les abeilles. C'est l'aviculture qui consiste à élever les oiseaux.
6. Faux : c'est un oiseau.
7. Faux : c'est un animal.
8. Vrai.
9. Faux : c'est une orchidée.
10. Vrai.
11. Vrai.
12. Vrai.
13. Faux : c'est un arbre tropical.
14. Faux : c'est une fromagerie.
15. Faux : c'est l'exploitation et l'entretien des forêts.
16. Faux : c'est l'élevage des poissons.
17. Vrai.
18. Vrai.
19. Vrai.
20. Faux : l'Orne est un département, l'orme est un arbre.
21. Vrai.
22. Vrai.
23. Faux : le basilic est un lézard. C'est aussi une plante aromatique. La basilique est une église.

24. Faux : c'est la tramontane.
25. Vrai.
26. Faux : c'est une algue.
27. Faux : c'est l'étude des champignons. La myologie est l'étude des muscles.
28. Faux : c'est le lama. Lima est la capitale du Pérou.
29. Faux : c'est une plante.
30. Faux : c'est un grand vase à boire, à ne pas confondre avec le hamac.
31. Faux : c'est un arbuste.
32. Faux : c'est un mammifère.
33. Faux : c'est un quadrumane.
34. Faux : c'est un col des Alpes (ne pas confondre avec l'isard).
35. Faux : c'est le spectre. Le sceptre est l'insigne de la royauté.
36. Faux : c'est un poisson.
37. Faux : c'est la Haute-Volta.
38. Faux : c'est la capitale de la Suède. La capitale du Danemark est Copenhague.
39. Vrai : il est à 2 040 mètres d'altitude.
40. Vrai.
41. Faux : c'est une algue. La cornaline est une pierre précieuse.
42. Faux : c'est la cosse. Une personne cossarde est une personne paresseuse, en langage familier.
43. Faux : c'est une plante grasse. On fait de la

confiture avec de la rhubarbe.
44. Faux : un pouce-pied est un crustacé.
45. Faux : c'est une partie du pistil. Le carpeau est une jeune carpe.
46. Faux : c'est le fruit du hêtre, à ne pas confondre avec la fane.
47. Faux : c'est la maladie de la vigne.
48. Faux : c'est un arbre qui produit la muscade.
49. Faux : c'est le fruit du limier, variété du citronnier.
50. Faux : c'est une tortue géante.

## SOLUTIONS CHARADES

1. Pair-le : perle.
2. Chat-tôt : château.
3. Mot-lierre : Molière.
4. Paon-ta-long : pantalon.
5. Sor-si-erre : sorcière.
6. Chou-croûte : choucroute.
7. K-sous-laid : cassoulet.
8. Chien-dent : chiendent.
9. Pot-lit-Chine-aile : Polichinelle.
10. A-loup-et : alouette.
11. Haie-riz-son : hérisson.

12. A-voix-ne : avoine.
13. Chaud-su-re : chaussure.
14. Bas-na-nœud : banane.
15. Mi-si-si-pie : Mississippi.
16. Mas-if-cent-râle : Massif central.
17. Eau-lit-vœu : olive.
18. K-k-taux-s : cacatoès.
19. Va-lait : valet.
20. Cou-sain : coussin.
21. Lent-pas-dé-r : lampadaire.
22. Cui-ras-ses : cuirassé.
23. Serre-u-riz-et : serrurier.
24. Pré-temps-si-e : prétentieux.
25. Bout-ton-dort : bouton-d'or.
26. Lait-deux-rond : laideron.
27. Lise-rond : liseron.
28. Mouche-rond : moucheron.
29. Lit-i-erre : litière.
30. Four-nid-sœur : fournisseur.
31. Mousse-tic : moustique.
32. Mou-rond : mouron.
33. Rond-aile : rondelle.
34. Mi-le-feu-Yeu : mille-feuilles.
35. Cas-rat-me-l : caramel.
36. Va-nid-Yeu : vanille.
37. Mou-thon : mouton.
38. Gui-mot-vœu : guimauve.
39. Pas-ras-pluie : parapluie.
40. Bleu-haie : bleuet.

41. Coq-e-lit-co : coquelicot.
42. Car-hotte : carotte.
43. Mi-nez : minet.
44. Sol-i-terre : solitaire.
45. Ma-riz-âge : mariage.
46. Si-trop-niais : citronnier.
47. Haie-lait-faon : éléphant.
48. Cor-nez-Yeu : corneille.
49. Ras-dix : radis.
50. Rat-do : radeau.
51. Pin-sot : pinceau.
52. Bout-j : bougie.
53. Roux-Jo-le : rougeole.
54. Pain-tas-deux : pintade.
55. Raie-nœud-clos-deux : reine-claude.
56. T-laid-faux-ne : téléphone.
57. Ver-v-nœud : verveine.
58. Roi-te-lait : roitelet.
59. Mi-gale : mygale.
60. Chas-mot : chameau.
61. Bas-laie-nœud : baleine.
62. Seau-scie-ce : saucisse.
63. Jean-bon : jambon.
64. Mou-tard-deux : moutarde.
65. Port-ce-laine : porcelaine.
66. Gant-jeu : Gange.
67. Mare-ses-Yeu : Marseille.
68. Gens-si-âne : gentiane.
69. Cale-bas-ce : calebasse.

70. Papi-russe : papyrus.
71. Cas-tort : castor.
72. Deux-vie-nez-te : devinette.
73. A-rhum : arum.
74. Ma-k-queue : macaque.
75. Ment-da-riz-ne : mandarine.
76. Or-qui-dé : orchidée.
77. Chaud-vœu-sous-ris : chauve-souris.
78. Ru-su-le : russule.
79. Ma-nez-jeu : manège.
80. Gui-gnôle : guignol.
81. Site-rouille : citrouille.
82. Eau-meuh-lé-te : omelette.
83. Pan-go-lin : pangolin.
84. I-pot-peau-ta-me : hippopotame.
85. Hi-rond-d-aile : hirondelle.
86. Marc-teint-gars-le : martingale.
87. Zou-loup : Zoulous.
88. Or-temps-si-a : hortensia.
89. Seau-net : sonnette.
90. Do-rit-faux-re : doryphore.
91. La-va-beau : lavabo.
92. Pou-lin : poulain.
93. Lin-hotte : linotte.
94. Gui-r-lent-deux : guirlande.
95. Pouls-p : poupée.
96. J-rat-feu : girafe.
97. Haie-me-rôt-deux : émeraude.
98. Car-na-val : carnaval.

99. Oui-s-titi : ouistiti.
100. Mas-cotte : mascotte.
101. Plan-chat-voix-le : planche à voile.
102. Sans-chaud-paon-sa : Sancho Pança.
103. Pie-air : Pierre.
104. Cil-vie : Sylvie.
105. Pis-cas-seau : Picasso.
106. Pou-bel : poubelle.
107. B-k-scie-nœud : Bécassine.
108. Car-quoi : carquois.
109. Car-a-bosse : Carabosse.
110. K-pus-scie-nœud : capucine.
111. Riz-dos : rideau.
112. K-rat-va-ne : caravane.
113. Cire-queue : cirque.
114. Do-mi-nos : dominos.
115. Cas-riz-bout : caribou.

# Junior Poche Loisirs

444 DEVINETTES MINI-MYSTÈRES

80 MOTS CROISÉS-JEUX

400 JEUX ET DEVINETTES
POUR S'AMUSER

400 VRAI OU FAUX ?

100 JEUX POUR PETITS ASTUCIEUX

400 DEVINETTES SUR LES ANIMAUX

300 DEVINETTES SUPER-SCORE

300 DEVINETTES
SUR LES RÉGIONS DE FRANCE

365 DEVINETTES
SUR LES PERSONNAGES CÉLÈBRES

50 TOURS ET JEUX DE CARTES

365 DEVINETTES
POUR TOUS LES JOURS DE L'ANNÉE

50 JEUX POUR S'AMUSER EN VOYAGE

365 DEVINETTES AUTOUR DU MONDE

50 JEUX DE PLEIN AIR

50 TOURS DE MAGIE

365 DEVINETTES
DE TOUTES LES COULEURS

300 DEVINETTES SUR L'EUROPE

330 DEVINETTES ET CHARADES
POUR PETITS FUTÉS

300 HISTOIRES POUR RIRE

365 QUESTIONS-RÉPONSES
POUR S'AMUSER

50 JEUX POUR S'AMUSER À LA MAISON

365 DEVINETTES À CROQUER

150 DEVINETTES SUR LA NATURE

300 DEVINETTES
SUR L'HISTOIRE DE FRANCE

Lito
41, rue de Verdun 94500 Champigny-sur-Marne
Imprimé en Italie
Loi n° 49-956 du 16 juillet 1949 sur les publications destinées à la jeunesse
Dépôt légal : juin 1994

bénédictions à un enfant, il est possible de prononcer les Noms de D-ieu si cela est nécessaire et jusqu'au moment où l'enfant les saura lui-même.)

5. On doit répondre «Amen» immédiatement après avoir entendu une bénédiction prononcée par une autre personne si l'on est certain que la personne qui l'a prononcée bénissait uniquement D-ieu (cependant, on ne conclut pas en disant «Amen» à sa propre bénédiction.)

6. Si différents aliments, qui appartiennent tous à une même catégorie, doivent être consommés, on prononce seulement une bénédiction pour tous. Par exemple : si l'on consomme des pommes et des oranges, on doit prononcer une seule bénédiction.

7. Dans ce cas, il est approprié de prononcer la bénédiction sur l'aliment qui est le plus apprécié, en ayant l'intention d'inclure également les autres.

8. Les boissons qui ne tirent pas leur origine du raisin (par exemple : eau, jus de pomme, boissons gazeuses...) sont incluses dans la bénédiction numéro 6 qui est prononcée sur un aliment. Ainsi, une personne qui consomme un œuf et qui désire également boire de l'eau doit prononcer une seule et même bénédiction. (Dans la mesure où les bénédictions incluent les différents Noms de D-ieu, il est interdit de les prononcer en vain et lorsque cela n'est pas nécessaire.)

9. Si un plat contient différents types d'aliments qui sont mélangés, mais un des aliments constitue l'élément essentiel du plat, on doit prononcer seulement la bénédiction sur cet aliment (par exemple : si une salade de thon est servie avec quelques légumes, on doit prononcer seulement la bénédiction sur le thon). Si les différents aliments qui composent un plat sont d'une importance égale, on doit prononcer seulement la bénédiction sur l'aliment qui constitue la majorité du plat.

10. Si la bénédiction correcte qui doit être prononcée n'est pas connue – à cause d'un doute ou d'un oubli – la bénédiction numéro 6 peut être prononcée sur le plat et elle suffira pour tous les aliments qui le composent.

11. Quand un repas est commencé avec la bénédiction du pain, la bénédiction 1 peut couvrir tout le repas (puisque tous les aliments sont secondaires au pain), donc les bénédictions ne sont pas dites pour les autres aliments ou boissons. (Mais le vin de raisin ou le jus de raisin reçoit toujours sa propre bénédiction, même pendant un repas avec du pain.)

12. Après avoir dit la bénédiction sur le vin de raisin ou le jus de raisin, une bénédiction additionnelle pour toute autre boisson n'est pas nécessaire, puisque toutes les autres boissons sont secondaires (tout comme la bénédiction sur le pain exempte d'autres aliments et boissons sans raisin).

## Actions de grâces après un repas

*Après qu'une personne ait mangé une quantité satisfaisante de nourriture, il est approprié qu'elle remercie et bénisse D-ieu pour lui avoir donné sa nourriture. En prononçant ces remerciements et ces bénédictions, il est approprié d'inclure des remerciements pour les autres besoins de la vie, par exemple : la santé, les moyens de subsistance et d'existence. Après avoir mangé un repas rassasiant, la formule des Actions de grâces est l'une des bénédictions suivantes.*

*Ceci est la bénédiction qu'enseignait Abraham à ses invités :*

«Béni soit le D-ieu de l'univers qui nous a nourrit par Sa générosité.»

*Prière recommandée pour la grâce après un repas :*

Nous T'offrons grâce, Roi de l'univers, qui dans Sa bonté nourrit le monde entier, avec gentillesse, bienveillance et miséricorde. Il donne à manger à toutes les créatures car Sa bonté est éternelle.[19] Grâce à Sa grande bienveillance permanente à notre égard, nous ne manquons pas de nourriture[20] ; puissions-nous jamais en manquer, pour l'amour de Son grand Nom. C'est Lui qui nourrit et subvient à toute créature, accorde Ses bienfaits à tous et procure la nourriture à toutes les créatures qu'Il a créées, ainsi qu'il est dit : «Tu ouvres Ta main et rassasies avec bienveillance tout être vivant.»[21] Béni soit le D-ieu de l'univers qui nous a nourrit par Sa générosité.

De grâce, notre D-ieu, dans Ta miséricorde, donne-nous la vie, la santé, les moyens d'existence et de subsistance afin de

---

[19] Psaumes 136:25.

[20] Parce que nous venons de terminer un repas.

[21] Psaumes 145:16.

Te remercier et de Te bénir à jamais. De grâce, ne nous rends pas dépendant des dons des mortels, ni de leurs prêts, mais seulement de Ta main, pleine, ouverte, sainte et généreuse de sorte que nous ne soyons jamais honteux ni déshonoré. Louez l'Éternel, car Il est bon, car Sa bonté est éternelle.[22] Béni soit l'homme qui a confiance en D-ieu et D-ieu sera sa sécurité.[23]

*Après avoir récité ce texte, chaque personne peut continuer à ajouter des demandes et des supplications à D-ieu, selon sa volonté.*

---

[22] Psaumes 136:1.

[23] Jérémie 17:7.

## Sept versets à enseigner aux enfants noahides

*Recommandé par le Rav J. I. Schochet. Les enfants pourront réciter ces versets le soir avant d'aller dormir (si cela est possible, il est bien de les réciter sur le ton d'une mélodie).*

*Genèse 1:1.* Au commencement, D-ieu créa le ciel et la terre.

*Genèse 5:1.* Ceci est l'histoire des générations de l'humanité. Lorsque D-ieu créa l'être humain, Il le fit à Sa propre ressemblance.

*Psaumes 34:15.* Éloigne-toi du mal et fais le bien, recherche la paix et poursuis-la.

*Psaumes 145:9.* L'Éternel est bon pour tous, Sa pitié s'étend à toutes Ses créatures.

*Proverbes 15:3.* Les regards de l'Éternel se portent partout, observant les méchants et les bons.

*Job 28:28.* Ah! La crainte du D-ieu, voilà la sagesse ; éviter le mal, voilà la raison.

*Isaïe 48:17.* Ainsi parle l'Éternel, ton libérateur, le Saint d'Israël : «Je suis l'Éternel, ton D-ieu, qui t'instruis pour ton bien, qui te dirige dans la voie que tu dois suivre.»

*Parents et enseignants peuvent ajouter d'autres versets de la Torah (Bible hébraïque) qu'ils trouvent appropriés.*

# Partie III :

# Prières pour d'autres besoins

## Prière pour la subsistance[24]

Puisse être Ta volonté, Éternel, notre D-ieu, que mes moyens de subsistance et ceux de ma famille soient suffisants, appropriés et vertueux par Ta main. Que l'on n'ait jamais besoin des cadeaux des hommes ou de leurs prêts, mais uniquement de Ta main qui est remplie, ouverte, sainte et généreuse. Et que tout mon travail et mes transactions soient bénis et non en vain, pour la vie et non pour la mort. Puis-je mériter que le Nom du Ciel ne soit jamais profané à travers moi et puis-je être parmi les bienfaisants et ceux qui influencent les autres personnes à faire le bien à tout moment. Puisses-Tu remplir mes mains de Tes bénédictions et me combler de Ta bonté. Car Tu es béni et Tu amènes les bénédictions dans l'univers. Les yeux de tous sont dirigés vers Toi, et Tu leur donnes

---

[24] Adapté de la prière de Rabbi Moïse Cordovero.

leur nourriture en son temps. Tu ouvres Ta main et comble le désir de tout être vivant.[25] Dépose ton fardeau sur l'Éternel et Il te soutiendra ; Il ne permettra jamais l'échec des justes.[26] De grâce, élève ma force et mon destin de manière à ce que je puisse Te servir d'un cœur entier tous les jours de ma vie. Amen.

---

[25] Psaumes 145:16.

[26] Psaumes 55:23.

## Prière pour les voyageurs[27]

*Cette prière doit être récitée après avoir quitté la ville, le premier jour du voyage. Les jours suivants et jusqu'au retour chez soit, la prière peut être récitée chaque matin sur le chemin ou à l'hôtel.*

Puisse être Ta volonté, Éternel, notre D-ieu, de nous conduire dans la paix et de diriger nos pas dans la paix, de nous guider dans la paix, de nous soutenir dans la paix et de nous faire atteindre notre destination en vie, joyeux et dans la paix

(*si on a l'intention de revenir au point de départ le même jour, il faut ajouter :*
et de nous faire revenir dans la paix).

Sauve-nous des mains de nos ennemis, de tous les brigands embusqués, des voleurs et des bêtes sauvages au cours du voyage, ainsi que de tout fléau qui pourrait s'abattre sur le monde. Accorde la bénédiction à tous nos actes. Fais-moi trouver grâce, faveur et miséricorde à Tes yeux ainsi qu'à tous ceux

---

[27] Traduit de *Siddur Tehillat HaShem*, publié par Kehot.

qui nous voient. Accorde-nous Ta généreuse bonté. Écoute la voix de notre prière car Tu entends la prière de chacun. Béni soit-Tu, Éternel qui entend la prière.

## Prière pour une personne malade

*En addition du psaume 20 (p. 23) – ou tout autre psaume récité pour une personne malade – on pourra réciter la prière suivante :*

*Pour un homme :* Puisse le Saint béni soit-Il être rempli de miséricorde pour (*mentionner le prénom de la personne malade*) fils de *(utiliser «Noé» si la personne est un non-juif, utiliser «Sara» si la personne est un juif)*, pour rétablir sa santé et pour le guérir, pour le renforcer et lui redonner de la vitalité. Et puisse l'Éternel hâter une guérison complète de tous ses membres et organes, une guérison de l'esprit et une guérison du corps. Amen.

*Pour une femme :* Puisse le Saint béni soit-Il être rempli de miséricorde pour (*mentionner le prénom de la personne malade*) fille de *(utiliser «Noé» si la personne est un non-juif, utiliser «Sara» si la personne est un juif)*, pour rétablir sa santé et pour la guérir, pour la renforcer et lui redonner de la vitalité. Et puisse l'Éternel hâter une guérison complète de tous ses membres et

organes, une guérison de l'esprit et une guérison du corps. Amen.

*Il est également approprié de faire un don à la charité et de faire d'autres actes de bonté et de générosité pour la guérison de la personne malade.*

### Prière pour un nouveau-né (non-juif)

Puisse D-ieu l'Éternel bénir la femme qui vient d'accoucher *(mentionner son prénom et celui de son père)*, avec l'enfant né d'elle *(mentionner le prénom)* fils/fille de *(mentionner le prénom du père)*. Puissent-ils éduquer l'enfant selon les sept commandements, l'accompagner jusqu'à son mariage et à la pratique de bonnes actions.

## Prière pour l'âme d'un défunt

Puisse D-ieu l'Éternel se souvenir de l'âme (*mentionner le prénom de la personne décédée*) fils/fille de *(utiliser «Noé» si la personne décédée est un non-juif, utiliser «Abraham» si la personne décédée est un juif)*, qui est parti dans l'autre monde. Par vertu de ma prière en son honneur et sans en faire le vœu, mon intention est de donner la charité en son nom. Puisse son âme être liée au Lien de la vie avec les âmes des justes et disons : Amen.

*Cette prière peut être récitée pendant les funérailles, la semaine de deuil et chaque année à la date du décès (une fois par jour), et avec le psaume 23 :*

Psaume de David. L'Eternel est mon Berger, je ne manquerai de rien. Dans de vertes prairies, Il me fait camper, Il me conduit au bord d'eaux paisibles. Il restaure mon âme, me dirige dans les sentiers de la justice, en faveur de Son Nom. Dussé-je suivre la sombre vallée de la mort, je ne craindrais aucun mal, car Tu serais avec moi ; Ton soutien et Ton appui seraient ma consolation. Tu dresses la table devant moi, à la face de mes ennemis ; Tu parfumes d'huile ma tète, ma coupe est pleine à déborder. Oui, le bonheur et la grâce m'accompagneront ma vie durant, et j'habiterai de longs jours dans la maison du Seigneur.

*Tout ou partie des psaumes 47 et 139 peuvent également être récités.*

*Puisse la connaissance des sept commandements noahide hâter la venue du Messie et du temps où tous invoqueront le Nom de D-ieu et Le serviront d'un seul cœur.*

59962250R00038

Made in the USA
Middletown, DE
13 August 2019